초등학생의 진로와 직업 탐색을 위한
잡프러포즈 시리즈 15

메타버스전문가는 어때?

차례

CHAPTER 01 메타버스전문가 안동욱의 프러포즈

- 메타버스전문가 안동욱의 프러포즈 … 10

CHAPTER 02 메타버스란?

- 메타버스의 뜻은? … 15
- 비대면 시대, 메타버스를 현실로 옮기다 … 16
- 메타버스의 역사는? … 18
- 메타버스의 세계관을 보여준 영화 <레디 플레이어 원> … 20
- 게임인 듯, 아닌 듯한 메타버스의 세계 … 21

CHAPTER 03 메타버스에서는?

- 또 다른 현실, 메타버스 공간 … 25
- 메타버스 공간에서 물건이나 땅도 가질 수 있어요 … 30
- 메타버스에서 경제활동도 가능해요 … 32
- 사람보다 사람 같은 가상 인간 … 34
- 오큘러스로 체험하는 생생한 현실 … 35
- 메타버스의 캐릭터는 나의 또 다른 나 … 36

CHAPTER 04 메타버스전문가는 누구인가요?

- 게임개발자가 메타버스 개발자로 … 41
- 면접 플랫폼을 만들어요 … 42
- 보물찾기 플랫폼도 개발해요 … 44
- 스토리를 넣어 소통이 가능한 메타버스를 만들죠 … 46

CHAPTER 05 메타버스전문가가 되려면

- 일상을 관찰하고 정의하는 연습을 … 51
- 매뉴얼 만드는 습관도 … 52
- 공감하고 배려하는 마음을 가져요 … 54
- 코딩을 공부하기 … 55
- 간단한 게임을 만들어보는 것도 좋아요 … 56
- 스토리를 만들려면 인문학을 공부해요 … 58
- 어떤 전공도 상관없어요 … 60
- 인내심은 꼭 필요해요! … 61

CHAPTER 06 메타버스전문가가 되면

- ☺ 게임 엔진을 사용해 메타버스 공간을 만들어요 … 65
- ☺ 여러 부서의 협력으로 만드는 메타버스 … 68
- ☺ 사용하는 장비와 프로그램은 무엇인가요? … 72
- ☺ 연봉은 얼마나 되나요? … 76
- ☺ 근무조건과 복지는 어떤가요? … 77
- ☺ 직업병이 있다면? … 78
- ☺ 스트레스받을 때는 어떻게 하나요? … 79

CHAPTER 07 메타버스전문가의 미래

- ☺ 수요는 정말 많아요 … 83
- ☺ 다른 분야로 진출도 가능해요 … 84
- ☺ 메타버스를 통해 새로운 직업도 생겼어요 … 85
- ☺ 우리나라가 앞서 있는 분야는 어떤 건가요? … 86

CHAPTER 08 메타버스전문가 안동욱을 소개합니다

- ☺ 평범했던 어린 시절 … 91
- ☺ 전공과 상관없는 직업으로 … 92
- ☺ 새로운 미래를 위한 선택, 메타버스 … 94
- ☺ 상상하는 즐거움, 만들어내는 뿌듯함 … 96

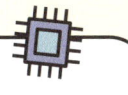

CHAPTER 09 — 10문 10답 Q&A

- ☺ Q1. 메타버스의 사용료가 있을까요? … 101
- ☺ Q1. 메타버스 플랫폼이 지방의 경제를 살릴 수도 있나요? … 102
- ☺ Q1. 실패한 메타버스 공간도 있나요? … 103
- ☺ Q1. 존경하는 인물이 있다면? … 104
- ☺ Q1. 외국과 비교해 우리나라의 디지털 기술은 어느 수준인가요? … 105
- ☺ Q1. 메타버스 안에서 범죄도 일어나나요? … 106
- ☺ Q1. 나이 들어도 계속할 수 있는 일인가요? … 107
- ☺ Q1. 메타버스 공간을 이해할 수 있는 영화는? … 108
- ☺ Q1. 이 직업을 묘사한 작품이 있나요? … 110
- ☺ Q1. 빅데이터와 메타버스는 어떤 관계인가요? … 111

CHAPTER 10 — 나도 메타버스전문가

- ☺ 나도 메타버스전문가 … 114

메타버스전문가 안동욱의 프러포즈

안녕하세요, 어린이 여러분! 저는 메타버스전문가 안동욱입니다.

최근 영화와 드라마에서 많이 볼 수 있는 세계관이 있어요. 대표적으로 멀티버스를 주제로 한 마블 영화들이죠. 세상에는 과연 우리 인류만 존재할까? 이 넓은 우주에 다른 생명체는 없을까? 그렇다면 우주는 유일한가? 등등.

이러한 상상은 과연 우리가 존재하는 것은 현실일까 라는 의문도 만들어냅니다. 그 질문의 가운데 메타버스가 있죠. 메타버스는 미디어를 통해서 다양한 상상과 세계관을 펼칠 수 있는 공간이에요. 아마 여러분들이 좋아하는 게임의 세계와 매우 닮아 있어서 비교하며 살펴보는 재미도 있을 거예요.

요사이 매우 흥미로운 단어가 된 '메타버스'는 이제 세계 경제를 뒤흔들고 있어요. 세계 최대 소셜미디어 기업이었던 페이스북이 2021년 회사 이름을

'메타'로 바꾸며 메타버스 사업에 뛰어들었어요. 미래의 디지털 사업으로 메타버스가 앞서나갈 것이라는 판단이 들었기 때문이에요. 이런 일이 벌어진다는 것은 여러분이 어른이 되는 미래의 일자리와도 연결되어 있어요.

　마음껏 상상을 즐기며 재미난 이야기를 기획하고, 이걸 플랫폼으로 설계해서 다양한 사람들과 즐길 수 있는 메타버스! 미래에는 메타버스로 인해 다양한 직업군이 생길 거예요. 게임이나 새로운 미디어 환경에 익숙한 여러분이 바로 메타버스가 만들어갈 미래 세계의 주인공이에요.

　메타버스전문가를 꿈꾸는 어린이 여러분!
　메타버스의 세계로 여행할 준비가 되었나요?
　미래의 메타버스전문가가 될 여러분을 기쁜 마음으로 초대합니다.

2장에서는?

현실 세계를 닮은 가상세계가 있다고요? 그 안에서 사람들은 어떤 활동을 하고 어떤 즐거움을 찾을까요? 궁금한 메타버스의 세계로 들어가 보아요.

메타버스의 뜻은?

메타버스Metaverse는 가상·초월Mata과 세계·우주Universe의 합성어로 3차원 가상세계를 뜻해요. 인간 삶이 현실과 비현실에서 함께 공존할 수 있는 가상세계라는 의미인데, 게임의 형태로 이런 메타버스가 최근 활용되면서 큰 인기를 끌고 있지요.

메타버스라는 말은 1992년 닐 스티븐슨Neal Stephenson이라는 작가가 쓴『스노우 크래쉬Snow Crash』라는 소설에서 처음 쓰였어요. 현실 세계에서 피자 배달원으로 일하는 주인공이 메타버스 안에서 악당들을 무찌르며 최고의 전사로 활약하는 SF 영화 같은 이야기죠.

메타버스라는 세계관은 영화나 소설에서 오래전부터 다뤄지고 있었어요. 단지 메타버스라는 말을 처음 사용한 작품이『스노우 크래쉬』라는 소설인 거죠.

비대면 시대, 메타버스를 현실로 옮기다

메타버스가 널리 퍼지게 된 가장 큰 계기는 코로나 유행이었어요. 전염병의 유행으로 우리는 이전까지 겪어보지 못한 세상을 맞이했어요. 바로 '비대면(Untact)'인데, 학생들은 학교에서 공부하고 놀이터에서 노는 게, 어른들은 회사에서 일을 하고 바깥에서 사람을 만나는 게 당연했는데 이제 당연하지 않게 된 거예요. 밖에 나가지 못하고 집에 있는 시간이 많아지자 사람들은 메타버스라는 대안을 찾아냈어요.

밖에 나가지 못하는 답답함을 풀어준 게 '로블록스(Roblox)'나 '제페토(ZEPETO)'라는 메타버스예요. 그 속에서 사람을 만날 수 있기 때문이었죠. 제페토의 사용자는 3억 명이 넘었어요. 초등학생들은 정말 많이 하고 있고, 국내 이용자보다 해외 이용자가 훨씬 더 많아요.

인간의 삶이 현실과 비현실에서
함께 공존할 수 있는 가상세계, 메타버스!
비대면 시대에 성큼 우리의 생활 속으로 들어왔어요.

메타버스의 역사는?

『스노우 크래쉬』라는 소설에 처음 등장한 메타버스는 2003년 린든 랩(Linden Lab)이 만든 〈세컨드 라이프(Second Life)〉라는 게임으로 알려지기 시작했어요. 이 게임은 현실 세계와 닮은 가상세계에서 회사생활과 문화생활도 하고 결혼까지 할 수 있어요.

국내에서는 2018년 네이버가 만든 '제페토'가 몇 년 안 되었는데도 코로나 시대를 맞아 사용자가 엄청 많이 늘었어요. 최근에는 드라마 〈오징어 게임〉을 가상세계로 옮겨 아이들이 직접 입체적인 공간을 만들어서 놀 수 있는 메타버스 〈오징어 게임〉이 만들어지기도 했죠.

그러나 이전에도 메타버스라는 단어를 쓰지는 않았지만 메타버스의 세상을 경험할 수 있는 게임이 있었어요. 혹시 '다마고치'라고 들어봤나요? 이게 1996년에 나왔는데 다마고치라는 동물 친구를 키울 수 있는 작은 게임기예요. 휴대폰이 없었을 때 나온 게임기인데 당시에 엄청난 인기를 끌었죠. 작은 게임기 안에 있는 다마고치가 배고프다고 하면 밥을 주고, 아프다고 하면 약을 주고, 청소도 해 주면서 키우는 거예요. 저는 이게 메타버스의 세계관이라고 생각해요. 다마고치라는 가상의 콘텐츠가 친구가 되고, 키우는 동물이 되고, 자기 자신이라는 생각으로 몰입하게 되는 게 바로 메타버스 거든요.

최근 메타버스가 유명해진 사건이 있었어요. 게임 그래픽카드를 만드는 회사 엔비디아의 최고 경영자인 젠슨 황(Jensen Huang)이 옴니버스라는 개방형 플랫폼을 내면서 이렇게 말했어요. "메타버스가 오고 있다(The Metaverse is coming)"고요. 지금까지 상상 속에만 머물렀던 SF소설이나 영화가 곧 현실이 될 거라는 걸 강조했죠.

1990년대 전 세계적으로 인기를 끌었던 디지털 애완동물 '다마고치'
(출처: 다마고치 공식 홈페이지)

메타버스의 세계관을 보여준 영화 <레디 플레이어 원>

2018년에 스티븐 스필버그(Steven Spilberg) 감독이 <레디 플레이어 원(Ready Player One)>이라는 영화를 내놓았어요. 주인공이 고글처럼 생긴 VR 장치를 쓰고 가상의 공간에 들어가면 자신이 아닌 새로운 캐릭터가 되어 게임도 하고 미션을 해결하면서 우승자가 돼요. 그게 현실과는 완전히 다른 하나의 가상세계예요. 가상에서는 조그마한 아이였는데, 현실에서 만났더니 흑인 여자인 것처럼 완전히 다른 세상인 거죠. 가상의 세상에서 캐릭터를 통해 살아가는 사람들은 가상세계의 삶을 실제 삶인 것처럼 느낀다는 이야기예요. 메타버스를 잘 이해하지 못하겠다면 이 영화를 보는 게 도움이 될 거예요.

게임인 듯, 아닌 듯한 메타버스의 세계

　어디까지가 메타버스라고 정해진 건 아직 없어요. 넓게 보면 온라인 게임, 포켓몬 고(Pokémon Go), 페이스북까지 메타버스라고 보기도 하거든요. 다만 예전의 온라인 게임이 온라인 안에서 게임으로 끝났다면 메타버스는 오프라인의 삶과 연결되어 있다는 차이점이 있죠. 메타버스에서는 경제활동이나 커뮤니티, 교육 활동, 의료 서비스 등이 이루어지는데 이게 현실의 삶에 영향을 미쳐요. 이 안에서 이루어지는 교육은 현실에서 교육받는 것처럼 효과가 있고, 커뮤니티와 경제활동은 생활에 반영도 되고, 건강이나 산업에도 영향을 주죠. 이런 식으로 삶과 온라인 세상이 연결되었다는 게 온라인 게임과 큰 차이점이에요.

3장에서는?

메타버스 공간에서 무슨 일이 벌어지고 있을까요? 현실은 아니지만 현실에서 할 수 있는 일을 메타버스 안에서 다 할 수 있는 걸까요?

또 다른 현실, 메타버스 공간

　메타버스는 가상세계와 현실이 연결되어 있다는 점이 게임이나 SNS와 같은 플랫폼과 달라요. 그래서 현실에서 할 수 있는 일은 거의 메타버스에서 할 수 있게 될 거예요. 이미 메타버스의 세계로 옮겨서 성공한 일도 있죠. 메타버스에서 어떤 일이 일어나고 있는지 여러분에게 소개할게요.

메타버스 공간에서 대학의 입학식을
　코로나로 인해 대학 입학식을 못 하니까 메타버스에서 입학식을 하는 학교들이 많이 생겼어요. 대학 교직원들과 대학생들이 아바타로 참석한 입학식에서 총장님 아바타는 학생들에게 인사말도 하고, 상도 수여하는 등 입학식에서 하는 일을 그대로 했어요. 어떤 대학교는 메타버스 공간에서 상을 받는 학생들의 유튜브 영상을 상영하고, 유튜브에서는 메타버스 공간의 화면을 생중계하기도 했어요.

메타버스 공간으로 출근하는 사람들

　부동산 플랫폼 회사 직방은 메타폴리스라는 메타버스 플랫폼을 개발했어요. 코로나가 끝나도 현실의 사무실로 출근하지 않고 가상 오피스 메타폴리스에서 일을 하기로 결정했어요. 직방이 만든 가상 건물은 30층인데요, 거기서 4층과 5층을 직방이 사용해요. 한 층당 300명이 들어갈 수 있는 공간이죠. 나머지 층은 임대도 할 수 있어요. 실제로 선거사무실로 사용되기도 했고요. 직원들은 현실과 똑같이 1층 로비를 거쳐 자신들의 사무실로 출근해서 일하고 퇴근하죠.

아바타와 함께 공연하는 걸그룹

　에스파라는 걸그룹은 처음부터 현실과 메타버스 두 쪽에서 활동하는 것을 목표로 데뷔했어요. 현실의 멤버도 있고 멤버들을 본뜬 아바타가 메타버스 공간에도 있어요. 새 앨범이 나오거나 뮤직비디오가 공개될 때 음악방송 무대뿐 아니라 가상 무대에서도 관객들을 불러모아 아바타들이 공연을 해요. 그래서 무대연출을 보면 실제 멤버가 공연할 때 짝을 이루는 아바타가 옆에 있어요. 메타버스를 적극적으로 활용한 경우죠.

아바타가 하는 심리상담

사람들이 정신건강의학과나 심리치료상담소에 가서 심리상담을 할 때 긴장을 많이 한다고 해요. 내가 누구인지 얼굴을 보이면서 마음의 상처를 표현하는 게 부담스럽고요. 그런데 가상공간에서 아바타로 만나서 상담할 때는 더 솔직하고 편안하게 이야기를 한대요. 또 자칫 무거운 분위기로 흐를 수 있는 상담이 게임처럼 느껴지니까 재미있어하기도 하고요. 메타버스 공간에서도 아바타를 활용한 감정표현도 가능해서 실제로 상담의 효과가 높다고 해요.

디지털 치료제

미국의 스타트업 아킬리인터랙티브랩스에서 ADHD를 치료하기 위해 게임 〈인데버Rx〉라는 게임을 개발했어요. 게임 속 캐릭터가 움직이며 정해진 코스를 돌면서 장애물을 피하고 목표물을 수집하는 방식이에요. 8~12세 ADHD 어린이 348명을 대상으로 시험을 했는데 그중 73%에 달하는 어린이의 주의력이 좋아지는 효과가 나타났어요. 이 시험으로 미국 FDA에서 정식으로 디지털 치료제 승인을 받았죠. 이처럼 요즘엔 치매나 우울증을 비롯한 여러 질병에 효과가 있는 디지털 치료제를 만들고 있어요. 약물 치료보다 부작용도 적고 비용도 적게 든다는 장점도 있어서 앞으로 더 개발될 예정이에요.

VR 수술실에서 수술도

아프리카 어느 나라에 환자가 있어요. 수술을 하면 낫는 병인데 그 나라에는 수술할 의사가 없어요. 이때 우리나라 의사가 메타버스 안에서 수술을 하는 거예요. 먼저 메타버스 안에 공간을 만들고 환자의 상태를 가상화시켜서 의사가 볼 수 있게 해요. 의사는 환자의 상태를 자세히 살펴서 수술을 하죠. 실제 수술은 의사의 움직임을 똑같이 따라 할 수 있는 로봇 팔이 하는 거예요. 이렇게 하면 의사가 아프리카까지 가지 않고도 사람을 살릴 수 있어요.

이 예시는 아직 현실로 된 건 아니에요. 현재는 VR 수술실에서 외과 수술을 학습할 수 있는 정도이지만 기술이 고도로 발전하면 머지않아 현실이 될 거예요.

선거도, 모임도, 콘서트도 메타버스에서

대통령 선거가 있었을 때 코로나로 사람들이 모일 수가 없었죠. 그때 메타버스 공간에서 대통령 후보가 연설하고 지지자들이 응원하는 모임을 했어요. 비대면 시대에 많은 사람들이 모이는 공간을 메타버스로 옮겨서 가지는 게 이제는 어색한 일이 아니게 되었어요. 그리고 지금은 많은 가수들이 메타버스 콘서트를 열고 있고요.

ADHD 치료용 게임 <인데버Rx> (출처: 인데버Rx 공식 홈페이지)

무료 메타버스 플랫폼 (나이키랜드) (출처: 나이키랜드 공식 홈페이지)

현실과 가상세계가 연결된 메타버스! 질병도 치료한다니 놀랍지 않나요?

메타버스 공간에서 물건이나 땅도 가질 수 있어요

재미있는 게 메타버스 안에서 물건이나 땅을 사는 사람들이 많다는 거예요. 이건 온라인 게임이나 SNS 플랫폼과 가장 차이나는 메타버스의 특징이죠. 예전에 데니스 호프라는 사람이 달의 소유권을 주장하면서 달의 땅을 실제로 판매한 적이 있었어요. 많은 사람들이 비웃고 괴짜 같은 일이라고 생각했지만, 실제로 그는 달의 땅을 팔아서 백억 이상의 큰돈을 벌었어요. 그럼 달의 땅을 산 사람들은 단순히 재미난 이벤트에 참여하기 위해서 그런 큰돈을 쓴 걸까요? 저는 그때 달의 땅을 산 사람들이 달을 가지고 싶은 마음에 투자했다고 생각해요.

메타버스도 같아요. 메타버스 안에 있는 부동산은 정말 단순하게 말하면 데이터의 조각일 뿐이에요. 어스2(Earth2)나 디센트럴랜드 같은 메타버스 플랫폼이 부동산을 팔기 시작한 초기에는 10평방미터의 가격이 200원, 500원이었어요. 그러던 게 지금은 80만 원에 거래되고 있어요. 그리고 이 땅은 초등학생이 재미로 샀다고 해요. 아마도 투자를 하거나 미래의 가능성을 보고 산 건 아닐 거예요. 그런데 지금은 누구나 메타버스 세상에서 부동산을 가지고 싶어해요. '나만의 공간을 소유한다'는 생각이 시장을 만든 거죠. 이건 블록체인 기술이 암호화폐를 만들고, 메타버스와 만났기 때문에 가능해졌어요.

그럼 원래 땅 주인은 플랫폼 운영자의 것이었을까요? 그건 아니에요. 플랫폼은 거래할 수 있는 장터를 만든 것뿐이에요. 누군가 이 땅을 사고 싶다고 마음먹고 돈을 낸 순간 그 땅은 누군가의 것이 되는 거죠. 메타버스 공간 안에 있는 땅 위에 앞으로 어떤 일이 벌어질 지는 아직 몰라요. 만약에 어느 지역이 인기가 있어서 그 땅에 대기업이 공장이나 매장을 세우려고 한다면 그 땅 주인에게 임대를 하거나 땅을 사겠다고 제안하고 거래가 이루어지겠죠. 가치가 있다고 생각하는 사람이 많아지면 100원짜리 땅이 갑자기 1억 원이 될 수도 있고요. 그런 시장이 지금 메타버스 안에서 만들어지고 있어요.

가상 부동산을 사고팔 수 있는 '어스2' (출처: 어스2 공식 홈페이지)

메타버스에서 경제활동도 가능해요

　블록체인은 모두가 볼 수 있는 거래 장부 같은 거예요. 예전에는 우리가 거래를 할 때 중개인을 거치고 이 중개인이 데이터를 보관하고 관리하는 일을 맡았어요. 그런데 이 데이터가 해킹을 당하거나 중개인이 조작하겠다는 나쁜 마음을 먹으면 막을 수 있는 방법이 없었어요. 이런 일들을 막기 위해 생긴 기술이 블록체인이에요. 데이터를 한 곳에 모아 두는 게 아니라 여러 곳에 나눠 저장해서 여러 명이 볼 수 있도록 만든 거죠. 누군가 거짓으로 장부를 수정할 수 없는 시스템이에요. 블록체인은 여러분도 들어봤을 암호화폐(비트코인, 이더리움 등)의 핵심 기술이죠. 메타버스 공간에서는 암호화폐를 돈으로 사용해요. 뭔가를 사고팔 때 현금이 아니라 암호화폐가 쓰이고 있어요.

메타버스에서는
땅과 건물이 암호화폐로 거래되고 있어요.
앞으로 가상세계의 경제활동이
어떻게 발전할지 더욱 궁금해지는군요~

사람보다 사람 같은 가상인간

요즘 실제 사람과 구분하기 어려울 정도로 사람 같은 가상인간이 가수와 배우, 모델로 활동하고 있어요. 실제로 가상인간은 소속사도 있고 팬클럽도 있어요. 인스타그램에서 활동하며 수십만 명이 넘는 팔로워를 가지고 있는 셀럽이고요. 늙지도 않고, 스캔들이나 다른 문제들이 생길 걱정도 없죠. 사람과 너무 똑같은데 그런 문제가 없으니 사람들에게 환영받는 것 같아요.

가상인간이 이처럼 사람들의 관심을 받고 인기를 끌려면 사람이라고 느껴져야 해요. 표정 하나, 눈의 깜빡임, 입술의 움직임 하나까지 자연스럽게 보이려면 아주 세밀한 작업이 필요하죠.

지금까지 나온 가상 인간은 발랄한 젊은 여성이 많은데 앞으로는 아이, 남성, 노인들도 나올 거예요. 그 캐릭터들로 드라마를 찍는 일도 가능하죠.

오큘러스로 체험하는 생생한 현실

메타버스는 PC나 모바일의 평면에서도 충분히 사용할 수 있지만 좀 더 진짜 같은 경험을 하는 방법도 있어요. 홀로렌즈(Hololens)나 오큘러스(Oculus)같은 기기의 도움을 받아 메타버스의 세상으로 들어가는 거예요. 고글 형태로 된 이 기기를 쓰면 아바타끼리 마주 보면서 대화도 하고 회의도 할 수 있죠. 또 대화의 장소를 해운대로 정하면 실제로 해운대를 걸으면서 대화하는 기분도 나고요.

HMD를 이용한 가상 회의 (Spatial)
(출처: Spatial 공식 홈페이지)

메타버스의 캐릭터는 나의 또 다른 나

〈놀면 뭐하니?〉라는 프로그램의 유재석씨를 보면 하는 일에 따라 다른 캐릭터가 돼요. 일명 '부캐'라고 해서 마치 다른 사람이 된 것처럼 행동하고, 주변에서도 캐릭터의 이름으로 불러 주죠. 이와 같은 '부캐놀이'는 이 프로그램이 처음은 아니에요. 이미 아바타라는 단어가 나왔을 때 부캐놀이는 시작되었거든요. 실제로 아이들 사이에서는 아바타로 자신의 부캐를 만드는 활동이 유행하고 있고요. 이걸 멀티 페르소나(Multi-Persona)라고 하는데, 자아를 하나가 아니라 여럿이라고 보는 거예요. 가족과 있을 때의 나, 학교나 학원에 있을 때의 나, 친구들과 있을 때의 나가 다르니까요. 이렇게 여러 개의 자아를 새롭게 만들어 볼 수 있는 기회가 바로 메타버스예요. 메타버스 안에서 자신만의 캐릭터를 입힌 아바타를 만드는 거죠. 이 아바타가 또 다른 나가 되는 것이고요.

현실과 가상 세계에 공존하는 에스파 멤버 카리나와 '아이-카리나'
(출처: 에스파 공식 유튜브 계정)

가상 인간 '로지'
(출처: 싸이더스 스튜디오 엑스)

4장에서는?

어떤 사람들이 메타버스를 만들기 시작했을까요? 어떤 생각으로, 어떤 필요에 의해 메타버스 플랫폼이 만들어지는지도 궁금해요.

게임개발자가 메타버스 개발자로

　메타버스는 게임인 것 같기도 하고, 아닌 것 같기도 한 플랫폼이에요. 메타버스를 실제로 사용하는 입장에서 보면 게임이랑 거의 비슷해요. 메타버스는 없던 것에서 새롭게 탄생한 기술이 아니라 게임과 같은 온라인 산업에서 발전해 온 것이거든요. 그래서 게임개발자로 일을 시작했던 사람들이 메타버스 개발자로 넘어오고 있어요.

　메타버스는 게임뿐 아니라 의료, 관광, 통신, 금융까지 다양한 영역이 있어요. 가능성이 높은 사업이라 대기업들이 게임개발 회사를 사들이고 있죠. 메타버스 개발자가 너무 부족해서 게임개발 회사를 사서 메타버스 개발로 확장하기 위해서예요.

면접 플랫폼을 만들어요

 요즘 저는 메타버스 면접을 기획해서 개발하고 있어요. 뛰어난 인재를 뽑는 것이 기업들에게는 중요한 일이라서 필기시험과 면접을 통해 뽑아요. 그런데 필기시험과 면접을 통과했다고 기업이 원하는 인재를 뽑을 수 있는 건 아니에요. 공부를 잘할 것 같은 이미지라서 채용했는데 일은 못 할 수도 있고, 첫인상은 평범했지만 업무를 굉장히 잘하는 사람이 있거든요. 이런 오류를 줄이기 위해 메타버스 안에서의 행동 데이터를 분석해서 인공지능을 가진 HR(Human Resource)서비스를 개발하는 거예요.

 먼저 회사에 지원하는 사람은 메타버스 플랫폼에 들어와서 게임을 시작해요. 사용자가 게임을 하는 과정을 보면 실제로 얼굴을 보고 대화를 하는 것보다 훨씬 많은 정보를 알 수 있어요. 게임을 하다 잘 안 되면 화를 내는 사람, 성격이 급해서 미션을 지나치는 사람, 꼼꼼하고 차분하게 미션을 해결하는 사람도 있어요. 게임을 통해 그 사람의 생각과 행동 방식이 드러나죠.

게임에서 돌발 상황이 발생하면 그 사람의 예의나 인성도 볼 수 있어요. 여러 단계의 미션을 주면 주어진 일만 하는지, 스스로 찾아서 도전하는지도 알 수 있죠. 또 미션을 선택하는 취향을 보면 영업이 어울리는지, 기획이나 개발을 했을 때 성과가 좋을지도 판단할 수 있고요. 더불어 이 사람이 어떤 분야에 전문지식을 가지고 있는지도 드러나요.

이 메타버스 플랫폼은 신입사원을 뽑을 때만 쓸 수 있는 건 아니에요. 회사에서 일하는 모든 사람들의 정보도 담을 수 있어서 사원을 관리하는 일로 쓸 수 있어요. 회사의 입장에서는 사원들이 어떤 생각을 하고 있는지 궁금한데 그걸 알 방법이 별로 없어요. 그런데 이런 플랫폼을 사용하면 직원이 지금 적성에 맞는 일을 하고 있는지, 어떤 불만은 없는지, 행복하게 일하고 있는지 등도 파악할 수 있죠. 이런 데이터를 분석해서 사원들이 행복하게 일할 수 있는 근무조건을 만들어 갈 수도 있고요.

메타버스 면접 (Meta_HR)

보물찾기 플랫폼도 개발해요

다들 포켓몬 고는 알고 있을 거예요. 현실 공간에서 가상에만 있는 포켓몬들을 GPS(위치확인시스템) 형태로 쫓아가면서 잡는 게임이죠. 우리가 개발하고 있는 건 보물찾기인데, 보물을 숨길 수도 있고 찾을 수도 있어요. 포켓몬 고는 숨겨진 포켓몬을 찾는 것만 할 수 있는데, 보물찾기 플랫폼은 사용자가 숨길 수도 있어서 한 단계 나아간 거라고 할 수 있어요.

예를 들어 친구나 가족이 내일 제주도로 여행을 간다고 하면, 섭지코지나 성산 일출봉에 보물을 숨겨 놓는 거죠. 그곳에서 미션을 달성해 보물을 찾으면 선물을 받을 수 있어요. 선물을 숨기는 장소도 자유롭게 정할 수 있고요. 아버지가 수학여행 간 아들에게 보물찾기 앱을 통해 선물을 보낼 수도 있겠죠. 미션을 정할 수도 있기 때문에 엄마 아빠에 대한 문제를 낼 수도 있고, 아빠가 어렸을 때 갔던 곳을 그대로 가보게 할 수도 있어요. 미션을 따라 이동하면서 보물을 찾아내면 용

돈이 선물로 나오고요.

　또 단체 관광객들을 정해진 장소로 이동하게끔 미션을 주고, 보물을 찾으면 지역 화폐를 선물로 줄 수도 있어요. 단순한 이동이 아니라 움직이는 장소마다 스토리텔링을 담아서 보물을 숨기고, 게임에 따라 이동하면서 새로운 장소를 발견하니까 지역 상권에도 활력을 주는 프로그램이에요. 이때 숨기는 사람과 보물을 찾는 사람이 연결되면서 각자의 스토리를 만들 수 있죠. 이 플랫폼은 2023년 서비스를 오픈할 계획이고, 현재 여러 지방자치단체와 각종 축제 등에서 사용할 계획이에요.

보물찾기 게임 <마이퀘스트>

스토리를 넣어 소통이 가능한 메타버스를 만들죠

　단순한 체험을 위한 메타버스가 있어요. 예를 들어 메타버스에서 설악산에 가면 가상세계 안에 있는 똑같은 산을 체험하는 거죠. 그런데 우리가 개발한 메타버스는 현실과 가상세계가 연결되어 있다는 거예요. 실제로 그 지역을 가야 보물찾기를 할 수 있는 거죠. 포켓몬 고가 한때는 굉장한 인기를 끌었다가 금방 시들해진 건 이유가 있어요. 처음엔 신기해서 너도나도 숨겨 놓은 포켓몬을 찾으러 다녔지만, 어느 정도 체험을 하면 흥미가 떨어져요. 회사가 숨겨놓은 것을 일방적으로 찾기만 하는 거잖아요.

　메타버스는 게임과 달리 현실과 가상세계가 이어지면서 다양한 스토리를 만들 수 있어요. 우리가 개발한 보물찾기 플랫폼은 이런 면에서 사용자가 참여할 수 있는 공간이 많아요. 보물찾기는 찾는 재미도 있지만 숨기는 재미가 또 커요. 보물을 찾을 사람의 마음을 상상하면서 어떤 걸 어디에 숨길지 생각하는 과정에서 스토리가 만들어지고 참여하는 사람들만이 가질 수 있는 추억이 생기잖아요. 찾는 사람도 마찬가지로 숨긴 사람의 의도를 생각하고 숨긴 사람이 만들어 놓은 스토리를 따라가는 재미가 있고요. 아빠가 아들에게 어릴 적 추억의 장소에 보물을 숨기면 아들은 평소에 알지 못했던 아빠의 어린 시절을 만나는 기회가 되죠. 또 수학여행에서는 역사적인 장소에 숨겨진 보물을 찾으면서 그곳에 얽힌 역사적 사실을 알게 되니 교육적인 효과도 있고요. 이렇게 플랫폼을 사용하는 모든 사람이 소통하는 메타버스의 공간을 만드는 게 중요해요.

보물찾기 게임 <마이퀘스트>

5장에서는?

메타버스전문가가 되려면 어떤 준비가 필요할까요? 지금부터 할 수 있는 일부터 어떤 전공을 하는 게 좋은지도 알려주신대요.

일상을 관찰하고 정의하는 연습을

    우리가 생활 속에서 하는 일들은 보통 내가 무엇을 하고 있다고 생각하지 않고 습관적으로 해요. 아침에 일어나서 밥 먹고, 이 닦고, 씻고, 옷 입고, 학교 가고 하는 일들이죠. 그런데 저는 이 모든 일을 할 때 내가 지금 하는 일은 '먹기', '씻기', '옷 입기'라고 정의를 내려요. 일할 때도 지금 '글쓰기'를 하고 있다, '그리기'를 하고 있다고 저의 행동을 관찰하는 습관이 있어요. 이런 습관을 가지게 된 이유는 생활 속에서 하는 행동을 메타버스로 옮기는 일을 하기 때문이에요. 현실에서는 생각하지 않고 하는 행동이지만 메타버스에서는 행동 하나하나가 구분되어야 하거든요. 이게 현실과 메타버스의 차이점이죠. 이렇게 행동 하나하나를 관찰하고 정의하면 큰 도움이 돼요.

매뉴얼 만드는 습관도

　일상을 관찰하고 개념을 나누는 연습을 했다면 그다음엔 매뉴얼을 만들어보는 연습을 하는거예요. 유튜브에서 본 것 같은데, 미국의 어떤 아이와 아빠가 샌드위치를 만드는 과정의 영상이었어요. 아빠는 빵이 뭔지 잼이 뭔지도 모르는 사람으로 가정하고 아이가 알려주는 대로 샌드위치를 만들어요. 아빠가 처음엔 병뚜껑에 잼을 바르기도 해요. 아이가 써준 매뉴얼에 '잼을 바른다'만 있고 어디에 바른다는 지시가 없었거든요. 아이도 처음에는 아빠의 모습을 보고 답답해 하죠. 그래도 아빠는 아이가 써 놓은 대로 따라 해요. 그러니까 아이는 아빠가 실수하는 모습이 나올 때마다 아빠가 뭘 모르는지, 뭐 때문에 당황하는지 보고 매뉴얼을 계속 바꿔요. 그렇게 해서 마침내 먹을 수 있는 샌드위치가 만들어졌어요. 물론 아이가 처음에 만든 매뉴얼과 나중에 샌드위치로 탄생한 매뉴얼은 분명 달랐어요.

　저는 이 영상이 메타버스를 개발하는 과정과 똑같다고 생각해요.

아이는 개발자고 아빠는 사용자예요. 아이가 매뉴얼에 '잼을 발라서 먹는다'고만 써놨을 때 아무것도 모르는 아빠는 잼을 어디에 얼마나 바를지, 어떤 도구로 잼을 뜰지 몰라서 아무렇게나 해 보잖아요. 그것처럼 개발자가 만들어 놓은 메타버스의 매뉴얼이 구체적이지 못하면 사용하는 사람은 무엇을 어떻게 해야 할지 몰라서 아무것도 할 수 없게 돼요. 그러니까 어떤 결과가 나오게 하려면 아주 구체적으로 매뉴얼을 만들 수 있어야 해요.

공감하고 배려하는 마음을 가져요

　메타버스는 우리가 살아가고 있는 사회를 온라인의 가상세계로 바꾸는 일이에요. 가상세계도 하나의 사회이기 때문에 다른 사람을 배려하는 마음이 필요해요. 집 짓는 것으로 예를 들어볼게요. 누가 방 세 개와 화장실이 두 개인 집을 짓고 싶어 건축가를 찾아왔어요. 한 건축가는 아무것도 묻지 않고 다른 집과 비슷하게 지으면 된다고 말해요. 그런데 다른 건축가는 가족이 몇 명인지, 나이는 어떻게 되는지, 아픈 사람은 없는지, 가족이 원하는 것이 있는지 물어보고는 그에 맞는 집을 설계해요. 이 둘은 분명 다르죠.

　메타버스도 마찬가지예요. 똑같은 기술로 플랫폼을 만들 수 있지만 얼마나 사용자를 배려하는가에 따라 가치가 달라져요. 잘 모르는 사람도 사용할 수 있고, 아픈 사람도 편안하게 사용할 수 있는 플랫폼을 만들려면 배려하는 마음이 필요하죠. 배려는 상대방의 마음이나 상황에 대해 공감했을 때 생기는 것이고요.

 ## 코딩을 공부하기

디지털 관련한 모든 기술의 기본은 코딩이에요. 관심이 있다면 어려서부터 코딩을 배우는 게 좋겠어요. 코딩은 앞에서 말한 것처럼 매뉴얼을 만드는 과정과 마찬가지로 현실을 디지털 안으로 옮기는 거예요. 예를 들어 영화를 예매하는 프로그램을 짠다고 생각해 보세요. 영화 예매를 하려면 기본적으로 영화와 영화관을 정해야 하고, 영화를 볼 날짜와 시간을 선택하고, 마지막으로 결제를 해야 해요. 간단해 보이지만 영화관과 영화의 정보를 불러오는 과정, 날짜와 시간을 선택하는 과정, 결제하는 방법을 결정하는 과정마다 어떤 순서로 넘어갈 것인지 결정해야 해요. 이렇게 코딩을 짜는 방법을 배우면서 익히면 좋을 것 같아요. 처음엔 익숙하지 않아서 순서를 건너뛰기도 하고 바꾸기도 하는 실수를 하겠지만 많이 연습하면 잘하게 될 거예요. 그렇다고 너무 어려운 개발 문법까지 공부할 필요는 없어요.

간단한 게임을
만들어보는 것도 좋아요

코딩이 익숙해졌다면 초등학생들도 사용할 수 있는 스크래치(Scratch)라는 엔진을 사용해 간단한 게임을 개발해 보면 좋겠어요. 코딩으로 게임을 개발하려면 복잡하고 어려운데, 스크래치는 블록으로 하니까 훨씬 쉬워요. 아들이 초등학생일 때 알려줬더니 진짜 게임을 만들더라고요. 게임을 만들 때 중요한 건 스토리예요. 이야기를 시작할 때는 어떻게 하고, 전개는 어떻게 시키고, 결말을 무엇으로 마무리할까를 생각하면서 게임을 만들면 스토리를 모르는 기술자들보다 훨씬 재미있는 게임이 되더라고요. 이런 경험을 하면 무엇을 설계해야 되고, 어떤 걸 개선해야 마지막 결과물이 좋게 나온다는 걸 저절로 알게 돼요. 이것만으로도 자신감이 생기고, 자신이 만든 게임이 있으니까 뿌듯하죠. 가능하면 혼자 하지 말고 동아리를 만들어 친구들끼리 직접 기획도 해보고 설계나 개발도 해 보는 게 좋아요. 어떤 개발이든 혼자만의 힘으로 다 할 수는 없어요. 서로 대화하면서 이야기를 발전시키고 부족한 점을 채워나가는 것을 배우는 것도 중요하죠.

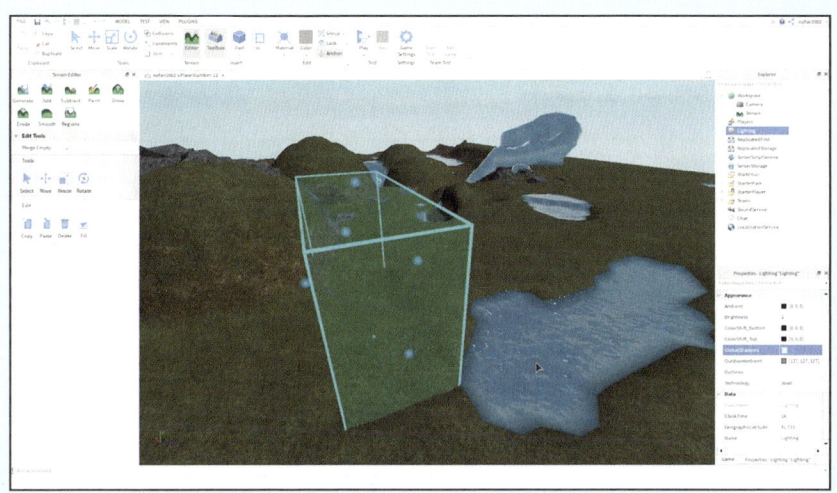

로블록스 스튜디오 (출처: 로블록스 공식 유튜브 계정)

기능에 충실한 게더타운 (출처: 게더타운 공식 홈페이지)

스토리를 만들려면 인문학을 공부해요

메타버스는 사람들과 소통하는 가상세계를 만드는 일이에요. 사람들이 어떻게 소통하고 어떤 세계관에 의해 사회가 돌아가는지 알아야 만들 수 있는 거죠. 이걸 잘 아는 방법이 인문학을 공부하는 거라고 생각해요.

그냥 과학, 공학, 기술만 알면 만들 수 있지 않냐고요? 맞아요. 하지만 과학 기술만으로 만들어진 메타버스는 사람들에게 불쾌한 감정을 느끼게 할 수도 있어요. 혹시 '불쾌한 골짜기'라고 들어봤나요? 인간이 로봇이나 인간이 아닌 존재를 볼 때, 처음에는 인간과 비슷한 점이 많을수록 호감을 느끼다가 어느 순간 너무 인간과 닮았다는 것을 느꼈을 때 거부감을 보인다는 이론이에요. 인간과 닮았지만 인간이 가지고 있는 무엇인가를 가지고 있지 않았을 때 느끼는 불쾌한 감정이래요. 이 단계를 넘어서려면 살아있는 인간이 가지고 있는 자연스러움을 발견할 수 있어야 해요.

메타버스도 마찬가지라고 생각해요. 현실의 사회와 닮았지만 어딘지 이상한 가상세계라는 느낌이 들면 어색한 AI 로봇을 만났을 때처럼 거부감이 들 수 있어요. 그 문제를 해결할 수 있는 게 인문학의 스토리텔링이에요. 인문학은 넓게 보면 세상의 모든 학문이에요. 꼭 책을 많이 보라는 말이 아니라, 책도 보고 음악도 듣고 사색도 하면서 세상을 이해하는 지혜로운 생각을 하면 좋겠다는 거죠.

괴리감이 느껴지는 인공지능 로봇 '아메카'
(출처: Engineered Arts 공식 홈페이지)

어떤 전공도 상관없어요

요즘 특성화 고등학교의 경우 게임 전문 고등학교가 있고 마이스터 고등학교도 있어요. 일찍 진로를 결정했다면 이런 고등학교를 가는 것도 하나의 방법이에요.

대학은 어떤 분야를 선택하는가에 따라 달라요. 개발자가 되겠다면 컴퓨터 관련이나 소프트웨어 전공이 좋겠죠. 기획자가 되겠다면 심리학이나 철학, 역사, 사회학과가 도움이 된다고 생각해요. 이 밖에는 어떤 전공을 해야 된다는 건 없는 것 같아요.

제가 보니, 대학에서 전공을 했어도 회사에서 실무를 하려면 다시 가르쳐야 되더라고요. 오히려 전공을 하지 않은 사람들이 학원이나 유튜브를 통해 코딩을 배우고, 언리얼(Unreal)이나 유니티(Unity)를 사용하는 방법을 배워 온 경우 회사에서 따로 배우는 시간이 줄기도 해요.

인내심은 꼭 필요해요!

메타버스를 설계하거나 개발하는 데는 엄청나게 많은 시간이 걸려요. 디지털 세상이 다 그렇지만 아주 작은 것부터 차근차근 만들어야 하고, 원하는 결과가 나오지 않았을 땐 다시 만들고, 또 고치는 일을 반복해서 해요. 반복에서 오는 지루함을 참지 못하면 중간에 포기하거나 대충 만들어서 좋지 못한 결과가 나와요. 그러니까 하기 싫은 것도 참고 기다리고, 급해지는 마음을 누를 수도 있는 참을성이 필요한 일이에요.

6장에서는?

메타버스전문가가 되고 나서 어떤 일을 어떻게 하는지 구체적으로 알아보는 시간! 근무 조건과 복지, 연봉도 알려주신대요.

게임 엔진을 사용해 메타버스 공간을 만들어요

언리얼Unreal이나 유니티Unity같은 게임 엔진들이 있어요. 게임을 현실과 비슷하게 만들거나 환상적으로 만들려면 다양하고 복잡한 프로그래밍이 필요해요. 게임을 만들 때 필요한 모든 기능을 포함하고 있는 소프트웨어가 게임 엔진이죠. 메타버스도 이런 게임 엔진을 사용해 만들 수 있어요. 사용법은 어렵지 않아서 조금만 공부하면 게임을 개발할 수 있지요.

혹시 신한 라이프 광고 모델 '로지'를 본 적이 있나요? 광고를 본 사람들이 처음에는 로지를 신인 모델 정도로 생각했어요. 그런데 반전이 있었죠. 로지는 언리얼 엔진을 통해 만들어진 AI 가상인간이거든요. 언리얼 엔진은 사람으로 착각할 만큼 공간과 인물을 사실적으로 만들어 낼 수 있는 고급 기술을 가지고 있어요. 대신 로지같은 가상인간을 만들려면 고급 기술자를 포함해서 아주 많은 사람들이 필요하다는 단점이 있어요. 반면 유니티 엔진은 가상의 공간, 가상의 인물이라는 걸

확실히 알 만큼 사실적이지는 않지만 누구나 쉽고 빠르게 원하는 결과물을 만들 수 있다는 장점이 있어요.

　자체 개발한 엔진으로 게임을 제작하는 회사들도 많아요. 예를 들어 검은사막을 개발한 펄어비스(Pearlabyss)는 이 게임을 가장 잘 만들 수 있도록 '검은사막 엔진'을 개발해 사용하는 것으로 유명하죠. 하지만 게임 엔진을 개발하는 비용이 엄청나게 많이 들고 고급 기술을 가져야 가능해서 한 회사가 자체로 게임 엔진을 개발하는 것은 쉽지 않아요.

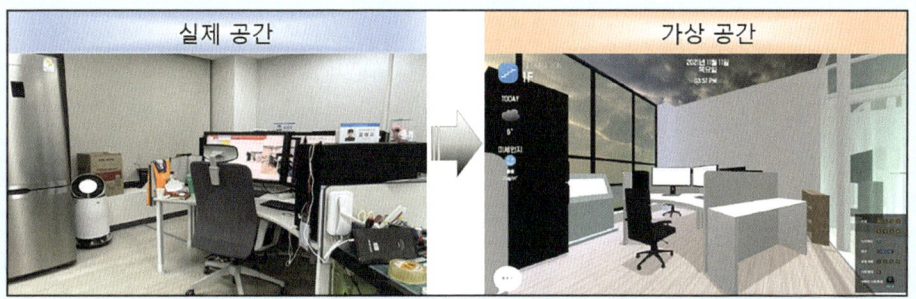

실제 사무실을 게임 안에 재현한 사례 (유니티 3D로 개발)

여러 부서의 협력으로 만드는 메타버스

　제일 먼저 무엇을 위한 것을 만들고 어떤 서비스를 제공할 것인지 고민해요. 이게 기획이죠. 예를 들어 면접, 관광, 의료 등 어떤 분야의 서비스를 정해요. 그런 다음 '어떻게 구체적으로 나타나게 만들까'를 정해야 해요. 이때 가장 중요한 부분은 '어떻게 하면 현실에서 일어날 수 있는 일들을 디지털 세상으로 잘 옮길 수 있을까' 생각하는 거예요. 이 결정에 따라 적용할 수 있는 기술이 달라져요.

　보물찾기 플랫폼의 경우 가장 적합한 기술로 선택한 것은 AR(Augmented Reality, 증강현실)이었어요. 실제로 움직이고 행동하는 공간은 현실이지만 그 행위에 몰입감을 줄 수 있는 장치로 증강현실을 선택한 거예요. 만약 제페토처럼 플랫폼 안에 공간을 만들어 이용자가 자유롭게 행동할 수 있는 서비스를 만든다면 사용하는 기술이 달라져요. 이런 경우는 현실과 똑같이 복제된 디지털 트윈(Digital-Twin) 공간이 필요하니까요.

메타버스를 만들 때는 플랫폼 개발자, AR로 애플리케이션을 만드는 개발자, 코딩 개발자가 필요해요. 또 2D, 3D, 이펙터 등을 만들 수 있는 디자이너도 필요하고요. 게임을 개발할 때보다 다양한 사람들이 필요하다고 생각하면 될 것 같아요.

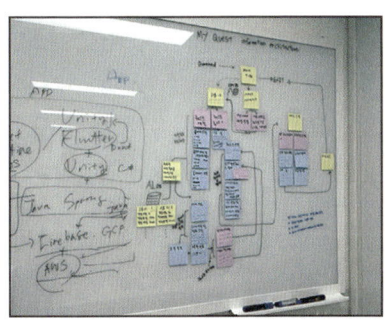

기획: 아키텍처 작성

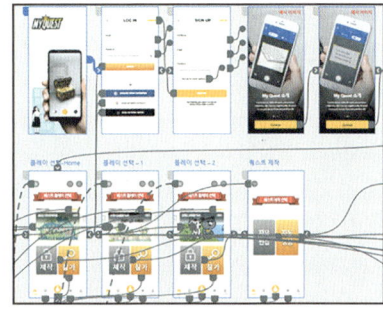

디자인: 아키텍처 기반 UI 설계

개발: 동작이 가능한 플랫폼 개발

데모 플레이

보물찾기 메타버스 제작 과정에서의 업무 분장

팀	주요 업무	담당 업무
기획팀	콘텐츠 기획자	보물찾기 플랫폼 내 들어가는 모든 시나리오 및 콘텐츠 구현화 모델 기획
	시스템 기획자	보물찾기 플랫폼 데이터 교환 구조 및 미니게임 시스템 기획. 랭킹, 소셜 등 시스템 기획
	서비스 기획자	보물찾기 플랫폼을 활용한 사업 모델 및 서비스 기획
개발팀	AR 개발자	AR 코어 기술을 활용해서 촬영되는 실제 공간에 플로팅 되는 AR 콘텐츠의 최적화 및 시스템 구조 제작
	AI 개발자	보물찾기 시나리오 매칭 알고리즘 제작 및 발생한 유저 데이터를 바탕으로 개선 모델 제안 구조 제작
	서버 개발자	보물찾기 플랫폼 전체의 서버(유저, 시나리오 아카이브 등) 설계 및 데이터 교환 구조 정립
디자인팀	3D 그래픽	보물찾기 내 AR로 플로팅 되는 오브젝트 리소스 제작 및 관리
	2D 그래픽	보물찾기 내 2D 이미지, 삽화, 인포그래픽 등 리소스 제작 및 관리
	UI/UX	유저 편의성 측면에서 인터랙티브 디지털 콘텐츠(웹, 모바일) 반응형 UI 제작 디자인 및 프로토타이핑

메타버스 개발 사이클

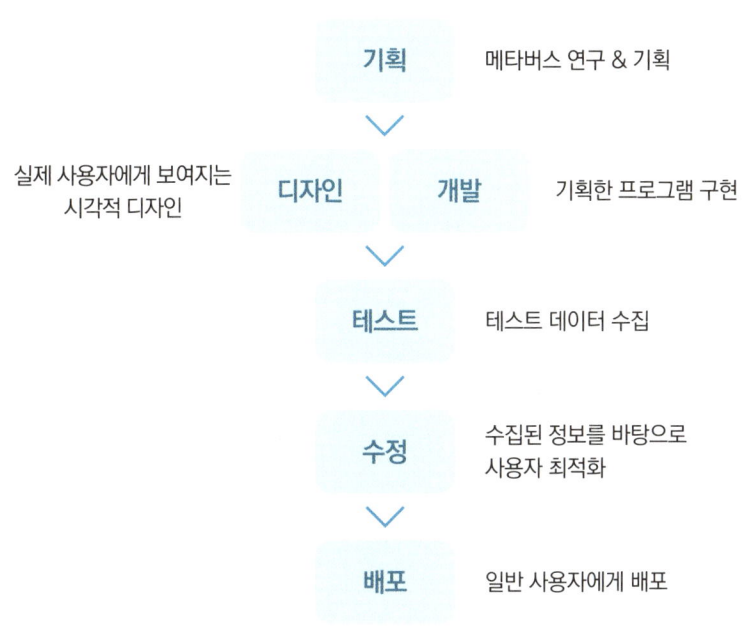

메타버스 플랫폼의 구조

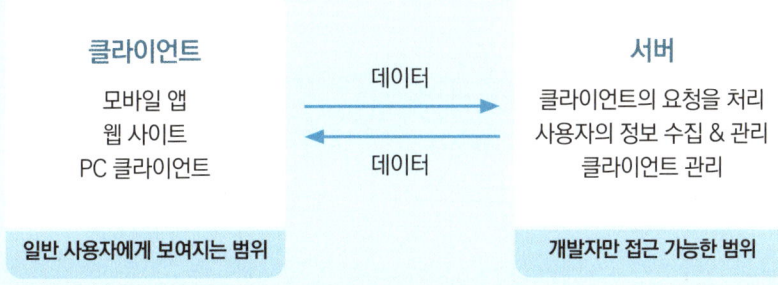

사용하는 장비와 프로그램은 무엇인가요?

메타버스를 만들 때는 고성능 컴퓨터(워크스테이션)를 사용해요. 그래픽을 많이 사용하기 때문에 여러 개의 CPU가 탑재된 규모가 큰 컴퓨팅 시설이 필요해요.

메타버스의 시각적 요소들의 제작을 위해서 포토샵, 일러스트의 2D 디자인 프로그램을 사용해요. 그리고 캐릭터와 공간 배경을 만들 때 쓰는 3Ds MAX, C4D, Blender라는 프로그램도 있죠. 메타버스 캐릭터의 동작 애니메이션 작업을 할 때는 Maya라는 프로그램이 필수고요.

메타버스를 위한 하드웨어 중에서 대표적인 것으로 모션 캡쳐 장비인 퍼셉션 뉴런 스튜디오가 있어요. 예를 들어 메타버스 캐릭터가 BTS 댄스를 추게 하고 싶다면, 사람이 모션 캡쳐 장비를 달고 춤을 추죠. 사람의 움직임을 데이터로 만들어서 캐릭터에 입히는 거예요.

이밖에도 공간을 현실적으로 느낄 수 있도록 만들기 위해 고성능 카메라 장비와 조명 등 여러 전문적인 장비가 필요하죠.

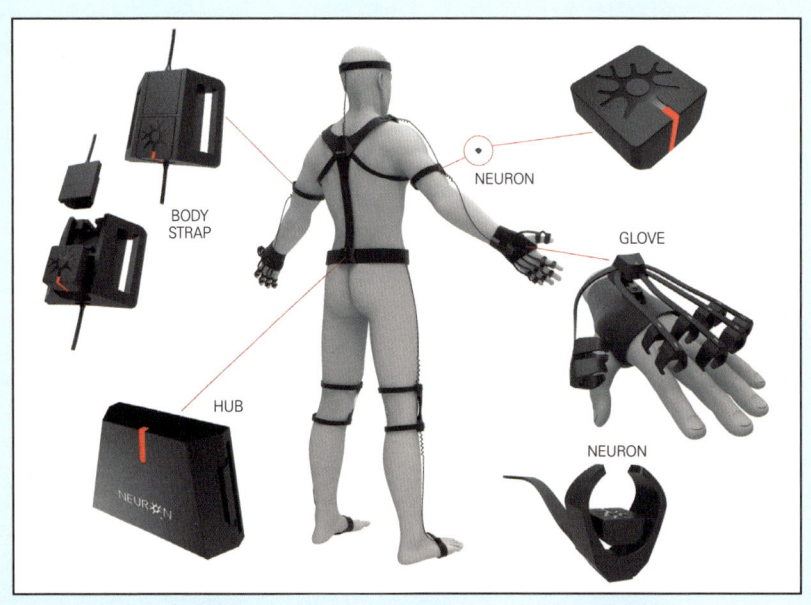

모션 캡처 장비 (출처: NOITOM 공식 홈페이지)

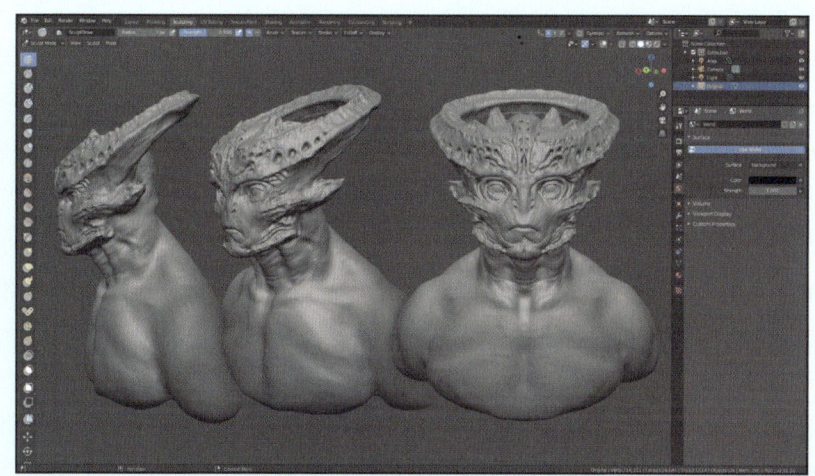

3D 모델링을 위해 사용되는 Blender

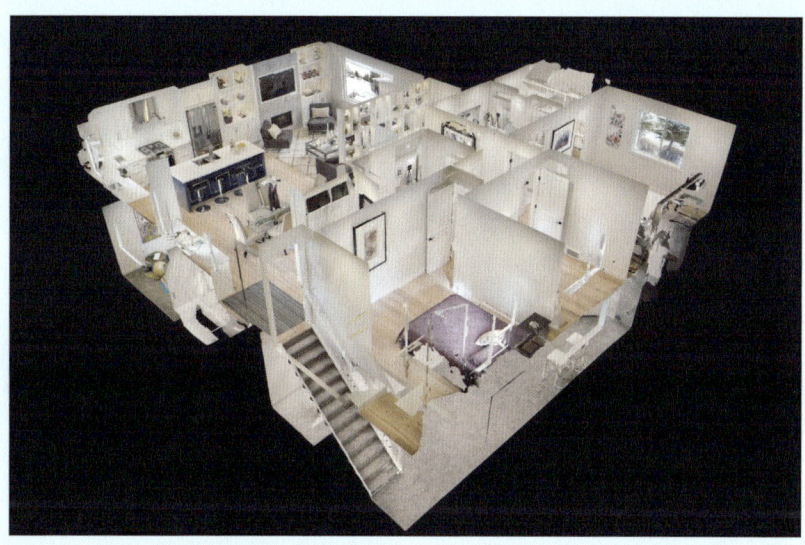

디지털 트윈이 활용된 메터포트 (출처: Matterport 공식 홈페이지)

연봉은 얼마나 되나요?

   분야에 따라 연봉은 좀 다른 것 같아요. 기획을 할 수 있는 사람은 적게는 5천만 원에서 많게는 1억 원 이상을 받아요. 큰 프로젝트를 맡았다면 10억 원까지 받는 경우도 있다고 들었어요. 기획자는 소수이기 때문에 그런 경우가 있죠.

   반면 개발자와 디자인 분야는 좀 달라요. 능력에 따라 연봉이 다르고 플랫폼이 성공했을 때 받는 인센티브도 다르고요. 기획자보다 개발자와 디자인 분야에 사람들이 많은 편이라서 그런 것 같아요. 요즘 메타버스 분야에 일할 사람이 매우 부족해서 연봉도 계속 올라가고 있어요.

근무조건과 복지는 어떤가요?

예전에 IT 기업에서는 야근도 많이 하고 프로젝트가 진행될 때는 휴가도 쓸 수 없는 경우가 많았어요. 그런데 요즘엔 많이 바뀌었어요. 야근도 이전보다 눈에 띄게 줄고 기업에서도 주어진 시간 내에 일을 마칠 수 있도록 계획을 잘 짜는 등 노력을 하고 있고요. 직원들에게 보장된 휴가 말고 3년 또는 5년에 한 번 15일 이상 따로 휴가를 주는 회사들도 많아졌어요. 근무조건은 앞으로 더 좋아질 것 같아요.

직업병이 있다면?

IT 분야에서 일하는 사람들은 앉아서 일하는 시간이 길다 보니 허리와 목 디스크가 많은 것 같아요. 모니터를 계속 보니까 눈도 좀 안 좋고요. IT 분야가 아니라도 컴퓨터를 쓰는 사람들은 다 비슷할 것 같아요. 그런데 요즘은 자기 관리를 잘해서 크게 문제가 되지는 않더라고요.

대신에 재밌는 직업병이 있기는 해요. 개발자들은 이야기를 들을 때 모든 과정을 정리하는 버릇이 있어요. 저 같은 경우는 회식 자리에서 일 얘기하는 걸 좋아하는데, 항상 결론을 내려야 시원한 마음이 들어요. 어떤 기획자는 게임을 좋아했었는데, 이제는 게임이나 새로운 콘텐츠를 마음껏 즐기지 못하게 되었대요. 이 게임의 단점은 뭐고, 그걸 해결하는 방법은 뭔지 계속 생각하게 되어서요.

스트레스받을 때는 어떻게 하나요?

저는 낙천적이라서 스트레스를 잘 안 받는 성격이에요. 또 스트레스를 받는 상황을 만들지 않으려고 노력하는 편이고요. 그래도 일을 하다 보면 스트레스를 받을 때가 있죠. 그러면 일단 아무것도 안 해요. 뭘 해도 즐겁지 않으니까요. 그리고 일과 관련된 생각이 안 나도록 노력하거나 혼자서 영화를 보러 가요. 저는 밤이건 새벽이건 혼자 영화 보는 걸 정말 좋아해요. 그러면 스트레스가 좀 풀려요.

운동을 하면서 스트레스를 푸는 사람들도 많아요. 이 일이 워낙 앉아서 일하는 시간이 기니까 테니스, 골프, 배드민턴 같은 활동적인 운동을 하면 몸도 마음도 가벼워진다고 해요.

7장에서는?

메타버스전문가라는 직업은 생긴 지 얼마 되지 않았어요. 과연 이 직업이 미래에도 필요한 직업일까요? 오랫동안 관련 분야의 일을 해온 선배님의 솔직한 이야기를 들어보아요.

수요는 정말 많아요

　게임개발을 하던 전문가들이 지금 메타버스로 옮겨오고 있어요. 메타버스가 짧은 시간에 확장되면서 일할 사람이 많이 필요한데 준비된 전문가가 많지 않거든요. 그래서 게임개발자도 메타버스전문가도 매우 부족한 상황이에요.

　2022년 들어 글로벌 빅테크 기업인 마마MAMAA를 중심으로 메타버스 경쟁이 치열해지고 있어요. 마마는 메타, 애플, 마이크로소프트, 아마존, 알파벳(구글 모회사)의 앞글자를 딴 신조어예요. 블룸버그 인텔리전스에 따르면, 메타버스 시장 규모는 2020년 4,787억 달러에서 2024년 7,833억 달러로 크게 성장할 것으로 전망하고 있어요. 특히 메타버스는 인터넷의 진화라고 불리기 때문에 데이터를 활용한 전자상거래와 광고 수익이 세 배나 더 큰 것으로 알려졌고요. 그 숫자들이 이 직업의 미래와 방향을 보여주는 거예요. 그래서 이 직업의 전망이 좋다고 자신있게 말씀드려요. 물론 대우도 좋고요.

다른 분야로 진출도 가능해요

메타버스는 디자인, 기획, 개발 등 콘텐츠를 제작하는 모든 분야의 기술을 쓸 수 있는 가장 앞서가는 분야의 일이에요. 그래서 메타버스 전문가로 있다가 다른 분야로 얼마든지 진출할 수 있어요. 코딩을 하던 사람들은 일반 업무 프로그램 코딩도 할 수 있고, 콘텐츠를 다루던 사람들은 게임이나 광고, 홍보, 마케팅, 전시, 디지털 사이니지(digital signage) 쪽으로 옮겨갈 수 있어요. 반대로 그쪽 일을 하던 사람들이 메타버스 분야로 오기도 쉽죠. 메타버스 자체가 다양한 분야의 협업으로 이루어지기 때문이에요.

메타버스를 통해 새로운 직업도 생겼어요

메타버스 플랫폼 서비스를 만드는 직업이 새로 생긴 건 당연하고요. 사용자 입장에서도 여러 직업이 생겼어요. 카카오톡의 예를 들면 카카오톡 플랫폼 안에서 이모티콘을 만들어 수익을 올리는 직업이 생겼듯이 메타버스 아바타 디자이너라는 직업이 생겼죠.

또 제페토나 로블록스도 빌더라는 직업이 있어요. 메타버스 공간 안에서 경찰서와 놀이공원 등을 만들어 올려놓으면 필요한 사람들이 사가는 거예요. 그리고 메타버스 드라마 PD도 있어요. 메타버스 캐릭터를 배우로 캐스팅해서 드라마를 찍어서 올리죠. 이런 식으로 메타버스 안으로 현실이 옮겨가면 현실에 있는 직업들도 따라서 옮겨가는 거죠.

우리나라가 앞서 있는 분야는 어떤 건가요?

　우리나라가 처음 사이버 가수 '아담'을 만들었을 때는 미국이 만든 가상 캐릭터와 기술의 차이가 좀 있었어요. 하지만 지금은 기술의 차이는 많이 나지 않아요. 메타버스뿐 아니라 K-pop, 영화, 드라마에 CG를 많이 사용하는데, CG 기술도 이제는 외국과 차이가 없다고 생각해요. 콘텐츠를 만드는 데는 오히려 우리나라가 훨씬 나을 수도 있어요. 수준 높은 대중문화를 만드니까 세계적으로 K-열풍이 불고 있는 것이고요.

　저는 페이스북보다 싸이월드Cyworld가 훨씬 훌륭하다고 생각해요. 페이스북에 오래전에 올려놓은 글을 보고 '그땐 그랬지'라는 감성에 젖지는 않잖아요. 그런데 싸이월드는 그래요. 자신이 좋아하는 BGM을 깔고 대문에 글귀도 적어 놓고 자신만의 공간을 꾸미며 싸이월드 화폐인 도토리로 경제활동을 했어요. 자신의 아바타도 있고요. 이게 완벽한 메타버스 공간이에요. 페이스북이 갖고 있지 않은 정서를 가지고 있기도 하고요.

조금 있으면 싸이월드가 메타버스 플랫폼으로 다시 나올 거예요. 사용자들은 그곳에서 자신만의 공간을 만들고 취미를 공유하며 추억을 쌓게 되겠죠. 페이스북이 출시한 메타보다 훨씬 더 기대해도 좋을 것 같아요.

메타버스와 암호화폐로 돌아오는 싸이월드와 도토리
(출처: Cyworld 공식 홈페이지)

8장에서는?

대학의 전공과 상관없는 데이터 분야의 일을 해온 안동욱 메타버스전문가. 데이터 전문 회사를 경영하면서 어떻게 메타버스를 기획하게 되었는지 그 이야기를 들어보아요.

평범했던 어린 시절

어머니는 동네에서 미용사로 오래 일하셨어요. 올해 초에 그만두셨으니까 아마 40~50년은 하셨을 것 같아요. 제 머리는 항상 어머니가 깎아주셔서 머리 스타일로 창의성을 발휘할 기회는 없었어요.^^ 어릴 때는 어머니의 직업이 부끄러웠던 적도 있는데 성장하면서 자랑스럽게 생각했어요. 한 가지 일을 그렇게 오랫동안 할 수 있다는 건 프로정신이 없으면 어렵거든요. 제 어머니는 프로였던 거죠.

아버지는 건설업계에서 엔지니어링을 하셨어요. 제가 초등학교, 중학교 시절에 사우디에 다녀오셨고 고등학교 때부터는 같이 계셨어요. 개인 사업자로 배관설비하는 가게를 운영하셨죠. 지금은 두 분 모두 은퇴해서 세상에 대해 더 알아가고 계세요. 어머니가 동네 분들에게 아들이 "잘 모르지만 인공지능을 한다더라"고 자랑도 하시고요.

전공과 상관없는 직업으로

저는 대학에서 전자·전기공학을 전공했어요. 대학원에서는 융합경영·기술경영을 전공했고요. 또 인공지능 범죄 수사에 대한 논문도 썼죠. 전공이나 경력을 보면 미디어와 거의 관련이 없어요.

저는 처음에 IT 개발자라는 직업을 가졌어요. 그러다 데이터 전문회사를 만들어 경영하게 되었고, 사업의 변화를 생각할 때 메타버스를 알게 되었어요. 메타버스에 대해서는 잘 몰랐지만 제가 할 수 있을 것 같았어요. 저는 광고, 드라마, 영화 같은 콘텐츠 제작 분야에도 관심이 많았는데 메타버스를 개발하는 과정도 이와 비슷하더라고요. 그래서 지금 회사에서는 IT 빅데이터 솔루션, 인공지능 솔루션, 메타버스 솔루션을 하게 되었고, 제가 다 기획을 하고 있어요.

시대가 변화하는 모습을 관찰하면
앞으로 다가올 세상을 상상할 수 있어요.
현재에 머무르지 않고 미래를 향해 나아가는 건
언제나 멋진 일이죠.

새로운 미래를 위한 선택, 메타버스

저는 2006년에 미소정보기술이라는 회사를 만들어서 데이터 사업을 해왔어요. 좀 더 발전해서 데이터 관련한 인공지능 전문회사가 되었죠. 저는 데이터와 콘텐츠의 결합에 관심이 많았는데, 이 둘이 뭔가 다른 것을 만들어냈으면 좋겠다는 생각을 늘 하고 있었어요.

그러다 동네에서 문화기술(CT: Culture Technology)을 활용해 디지털 사이니지 사업을 하는 동생을 알게 되었죠. 삼성역에 파도치는 스크린이 있는데 그걸 디지털 사이니지라고 해요. 삼성역에 있는 것은 디스트릭트(D'strict)라는 회사가 만들어서 유튜브에 소개됐어요. 그래서 뉴욕 타임스퀘어에 디지털 폭포를 만들기도 했죠. 그 동생이 그런 걸 만든다고 하면서 자기 작품을 보여줬어요. 면 자체가 울퉁불퉁한 하얀 조형물에 빔(Beam)을 쏘면 영상도 울퉁불퉁하게 보이는 작품이었죠. 그게 너무 재미있어서 데이터와 이걸 연결하고 싶다고 생각했어요. 그게 뭐가 될지는 몰랐지만 분명히 좋은 결과물이 나올 것 같았어요. 그래서

3년 전에 그 동생의 회사와 저의 회사를 합쳤어요.

처음엔 디지털 사이니지 사업을 했었는데 작년부터 메타버스를 개발하게 되었어요. 메타버스 플랫폼은 여럿 있었지만 우리가 하는 메타버스 서비스는 없었어요. 데이터 전문회사와 디지털 사이니지 회사가 운명적으로 만나 새로운 영역을 개척하게 된 거죠.

'도시 데이터와 영상의 컬래버' 출처: TodayGate 공식 홈페이지

도시 데이터와 영상의 컬래버

소셜 데이터와 영상의 컬래버

이벤트 데이터와 영상의 컬래버

산업 데이터와 영상의 컬래버

상상하는 즐거움, 만들어내는 뿌듯함

메타버스를 하면서 저는 행복을 느껴요. 데이터 전문가에서 메타버스전문가로 방향을 바꾸고 나서 보물찾기 플랫폼을 만드는 데 걸리는 시간도 짧았고 많은 비용도 들지 않았어요. 제가 상상했던 것을 설계하고 시도했는데, 상상이 현실이 되는 걸 체험하니까 그 과정이 재미있었어요. '다음엔 뭐하지?'라는 상상도 하고요. 그래서 메타버스가 무궁무진한 가능성을 가지고 있다는 확신을 하게 되었죠.

상상을 현실로 만드는 메타버스는
무궁무진한 가능성을 가지고 있어요.
상상을 현실로 만들 때 느끼는 행복은
무엇과도 바꿀 수 없죠~

9장에서는?

앞에서 하지 못했던 이야기, 궁금한 이야기를 10개의 질문으로 모아봤어요. 가상세계인 메타버스가 현실 세계의 경제를 살릴 수 있는지, 어떤 경우에 메타버스 공간이 실패하는지도 알려주신대요.

메타버스의 사용료가 있을까요?

QUESTION 01

　아마도 메타버스 플랫폼을 이용하는 요금은 없을 것 같아요. 네이버가 검색할 때마다 돈을 받는다거나, 페이스북이나 트위터에 글을 올릴 때마다 돈을 낸다면 사용하는 사람들이 있을까요? 그런 것처럼 메타버스 플랫폼 자체를 이용할 때 돈을 받는 회사는 없을 거예요. 대신에 플랫폼 안에서 경제활동은 발생하죠. 이미 여러 메타버스에서 나타나듯이 땅과 건물을 사고팔고, 아바타를 꾸미고, 자신의 공간을 만들어 가는 데 필요한 물품을 사고파는 등의 경제활동은 시작되었어요. 앞으로는 현실에서 할 수 있는 생산과 소비가 모두 메타버스에서도 이루어질 거라 생각해요.

QUESTION 02
메타버스 플랫폼이 지방의 경제를 살릴 수도 있나요?

　AR 게임 포켓몬 고는 현실의 공간에서 사람들을 이동하게 만들면서 즐기는 게임의 형식이에요. 게임이 컴퓨터나 휴대폰을 보면서 가만히 앉아서 한다는 고정관념을 깨뜨렸어요. 포켓몬은 집 근처에도 있지만 유명한 관광지에도 있고 별로 유명하지 않은 지방에도 있었어요. 사람들이 포켓몬을 포획하려고 실제로 이동을 했죠. 그 덕분에 강원도 속초는 엄청난 이익을 얻었어요. 속초 곳곳에 숨겨진 포켓몬을 찾으려고 사람들이 골목을 누비고 시장엘 간 덕분에 골목 상권이 살아난 거예요. 이 경우처럼 메타버스 플랫폼이 지역의 관광상품이 되어 경제를 살리는 기회가 충분히 될 수 있다고 생각해요. 지방자치단체에서도 메타버스에 많은 관심을 가지고 있고요.

실패한 메타버스 공간도 있나요?

QUESTION 03

메타버스를 가상의 공간이라고만 생각하는 사람들이 있어요. 그래서 그 공간을 박물관이나 미술관처럼 만들고 그림이나 작품을 걸어 놓아요. 처음엔 사용자들이 흥미를 느껴서 들어가 봐요. 신기하고 재미있는 것들이 있어요. 그런데 한 번 들어가 본 것으로 그치고 다음엔 들어가지 않아요. 사람들이 메타버스에 기대하는 것을 이해하지 못하고 만들었기 때문에 그래요. 사람들은 메타버스 안에서 자기가 활동하기를 원해요. 캐릭터도 만들고 집도 짓고 친구도 사귀고요. 그런데 모델하우스처럼 만든 메타버스는 눈으로 보기만 하고 끝나니까 두 번 가고 싶지는 않죠. 기업이나 공공기관, 지방자치단체에서 만든 메타버스에 이런 경우가 많더라고요. 10~20억 원을 들여 만든 콘텐츠인데 너무 아깝죠.

존경하는 인물이 있다면?

　스티븐 스필버그 감독을 정말 좋아해요. 늘 기발한 생각으로 새로운 도전을 하는 분인 것 같아요. 스필버그 감독의 영화를 보면 '저런 세상도 있구나'하고 감탄하면서 보게 돼요. 이분의 상상력은 어디까지일까 놀라게 되죠. 최근에 〈레디 플레이어 원〉이라는 영화를 보고 또 놀랐어요. 이 영화가 2018년에 나왔는데 그때는 메타버스를 모르는 사람들이 더 많았어요. 영화가 나오고 불과 1년 후에 메타버스는 모르는 사람이 없을 정도가 되었죠. 지금은 메타버스에 대한 이야기가 나올 때마다 학자들과 개발자들이 이 영화를 보라고 할 정도예요. 스필버그 감독의 영화는 오프라인의 아날로그 감성과 상상력이 디지털 세계와 만나서 미래를 예측하는 독특함이 있어요.

QUESTION 05
외국과 비교해 우리나라의 디지털 기술은 어느 수준인가요?

우리나라의 디지털 기술은 세계적인 수준에 뒤지지 않아요. 다만 아쉬운 점은 언리얼이나 유니티 같은 게임 엔진이 없다는 거예요. 게임이나 메타버스를 만들기 위해서는 게임 엔진이 중요해요. 우리나라는 아직 이런 엔진을 만들 기술력이 부족하기도 하고, 만약에 만들었다고 해도 외국 기업들이 사용하지 않을 것 같아요. 게임 엔진을 만들려면 엄청난 돈이 필요한데 그 돈을 들여 만들어도 사용자가 없으면 개발 비용을 감당할 수가 없어요.

게임 엔진을 사용할 때는 사용하는 사람의 수에 맞춰서 사용료를 내요. 언리얼은 자기네 엔진으로 만든 콘텐츠가 소비될 때마다 로열티(Royalty)도 받아요. 비용이 엄청나지만 사용자 입장에서는 어쩔 수 없어요.

메타버스 안에서 범죄도 일어나나요?

QUESTION 06

　네. 실제로 메타버스 안에서 범죄가 일어나고 있어요. 나를 대신한 아바타가 있는 세계에서는 누구라도 자신을 숨기고 접근해서 말을 걸 수 있어요. 캐릭터끼리 만나기 때문에 글자로 채팅하는 것보다 훨씬 현실감이 있죠. 친근하게 다가왔다가 폭력적인 모습을 보이거나, 정보를 캐내 해킹을 하는 경우도 있어요. 이런 일들이 벌어지고 있어서 메타버스 공간에서 경찰이라는 직업이 생길 수도 있겠다는 생각도 해 봐요.

　메타버스 개발자는 단순히 코딩을 잘하는 기술자가 아니라 선한 마음, 정의로운 마음을 가지고 있어야 해요. 이런 범죄가 일어나지 않도록 예방하는 장치를 두어 개발하고, 범죄가 일어났을 때 재빨리 해결할 수 있도록 만들어야 하겠죠.

나이 들어도 계속할 수 있는 일인가요?

QUESTION 07

저는 개발하다가 기업을 운영하는 쪽으로 진로를 바꾸고, 하는 일도 여러 가지로 바꿔왔어요. 메타버스 사업은 시작한 지 얼마 되지 않았지만 새로운 기술이나 트렌드의 변화를 아는 데 큰 어려움은 없어요. 새로운 기술을 익혀야 한다면 유튜브나 영상, 책을 통해 바로 배울 수 있어요.

이 일을 계속해 왔다면 얼마든지 새로운 기술을 따라갈 수 있어요. 오히려 나이가 들수록 경험이 많아지니까 장점이 되고요. IT 기술은 젊다고 유리하거나 나이가 들었다고 불리한 건 아니라고 생각해요. 세상을 읽는 눈이 생기면 변화의 흐름을 읽고 미래를 계획할 수 있어요. 그래서 중년이 된 지금도 플랫폼 서비스를 기획할 수 있는 거고요.

QUESTION 08
메타버스 공간을 이해할 수 있는 영화는?

　가상세계를 다룬 영화는 많아요. 그중에서 2009년에 나온 〈아바타 Anatar〉는 3D로 가상세계를 다룬 획기적인 영화예요. 가상의 외계 행성 판도라에서 펼쳐지는 나비족의 이야기로 스토리는 단순한데 3D 영상이 뛰어나요.

　1999년에 나온 〈13층〉이라는 영화도 있어요. 데카르트의 명제 '나는 생각한다. 고로 존재한다.'로 시작해서 컴퓨터 시뮬레이션 게임의 개발자인 주인공이 가상과 현실을 오가는 이야기죠. 영화의 후반에 가면 어디가 가상이고 어디가 현실인지 모를 정도가 돼요. 이런 면에서 메타버스를 잘 설명한 영화라고 생각해요.

　그리고 유명한 〈매트릭스〉를 빼놓을 수 없겠네요. '이곳이 현실이 아닐 수도 있다'는 상상력이 돋보이는 영화죠. 영화에서 "네오, 너무나 현실 같은 꿈을 꿔본 적이 있나? 만약 그 꿈에서 깨어나지 못한다면? 그

럴 경우 꿈속의 세계와 현실의 세계를 어떻게 구분하겠나?"라는 모피어스의 대사가 무척 인상적이었어요.

이 직업을 묘사한 작품이 있나요?

QUESTION 09

〈알함브라 궁전의 추억〉이라는 우리나라 드라마가 있어요. 메타버스 세상이 오면 우리 눈앞에 어떤 세상이 펼쳐지고, 어떻게 경제활동을 하고, 이걸 활용하는 사람들은 어떤 체험을 할 수 있을까 잘 묘사한 드라마예요. 드라마에서는 콘택트렌즈를 끼면 가상세계과 접속할 수 있다는 설정인데요. 미션들이 꽤 현실적이에요. 특정 브랜드의 음료를 사면 전투력을 올려주기도 하고, 스페인의 어떤 공간에 있는 마귀를 물리치면 다음 미션으로 넘어가죠. 게임이기도 하고, 가상공간과 현실의 문제를 연결해 놓기도 했어요.

빅데이터와 메타버스는 어떤 관계인가요?

미래의 산업은 누가 데이터를 잘 다루는가에 따라 성공과 실패로 나뉜다고 생각해요. 요즘 데이터를 가장 많이 사용하는 분야가 인공지능이에요. 인공지능은 전문가가 수집한 데이터를 이용해 학습하고 결과를 내놓죠. 모아 놓은 데이터의 양이 많으면 많을수록 정확한 결과를 예측할 수 있어요.

그러면 이런 데이터를 모으는 방법은 뭘까요? 지금까지는 데이터를 모으는 전문가들이 수집을 했는데요, 앞으로는 메타버스가 데이터가 될 것 같아요. 게임을 하는 것으로 사용자의 인성이나 자질을 알아볼 수 있었듯이, 메타버스라는 공간을 사용하는 사람들의 생활 방식이나 일하는 내용 등이 데이터가 되는 거죠. 사용자의 생활 습관, 운동 습관, 가지고 있는 질병 등등 한 사람에 대한 거의 모든 정보가 메타버스 안에 있어요. 이걸 바탕으로 개인 맞춤형 의료 서비스도 가능하고 필요한 생활 서비스도 가능해요.

CHAPTER. 10

나도 메타버스 전문가

10장에서는?

내가 만약 메타버스 기획자라면 어떤 생각으로 어떤 메타버스를 만들지 상상해 보는 시간.

\+ 현실에서 벌어지고 있는 일상 중 하나를 순서대로 다이어그램으로 그려보거나 매뉴얼을 작성해 보세요. (예: 등교하기, 시험 보기, 점심 먹기, 축구하기 등등)

+ 저희가 출시하는 보물찾기를 설치해서 부모님을 위해 보물을 숨기고 찾아보세요.

보물찾기 메타버스 'My Quest'

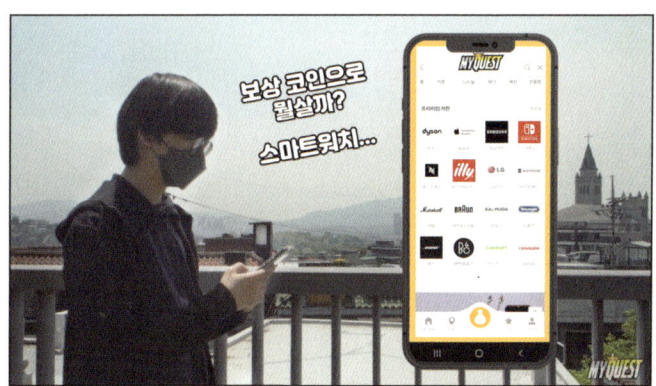

미션을 수행 후 보상 획득

+ 어떤 걸 메타버스 서비스로 만들면 좋을지 상상하고 시나리오를 구성해 보세요.

_____
_____
_____
_____
_____
_____
_____
_____
_____
_____
_____

+ 이 책이 출간된 이후에도 다양한 메타버스 서비스가 출시될 것입니다. 그중에서 한 개의 서비스 내용을 자세하게 정리해 보세요.

초등학생의 진로와 직업 탐색을 위한 잡프러포즈 시리즈 15
메타버스전문가는 어때?

2023년 1월 2일 | 초판 1쇄

지은이 | 안동욱
펴낸이 | 유윤선
펴낸곳 | 토크쇼

편집인 | 박성은
표지 디자인 | 이희우
본문 디자인 | 스튜디오제리
마케팅 | 김민영

출판등록 2016년 7월 21일 제2019-000113호
주소 | 서울시 서초구 나루터로 69, 107호
전화 | 070-4200-0327
팩스 | 070-7966-9327
전자우편 | myys327@gmail.com
블로그 | http://blog.naver.com/talkshowpub
ISBN | 979-11-92842-00-4 (73190)
정가 | 13,000원

이 책의 저작권은 저자와 출판사에 있습니다.
서면에 의한 저자와 출판사의 허락 없이 책의 전부 또는
일부 내용을 사용할 수 없습니다.